COLLECTION INTERNATIONALE DE *LA TRADITION*

Directeurs : MM. Emile BLÉMONT et Henry CARNOY

VOLUME II.

LES

Livres de Divination

TRADUITS SUR UN MANUSCRIT TURC INÉDIT

PAR

JEAN NICOLAÏDES

PARIS

AUX BUREAUX DE *LA TRADITION*

33, rue Vavin

J. MAISONNEUVE | LECHEVALIER
25, Quai Voltaire | 39, Quai des Grands-Augustins

M . D . CCC . LXXX . IX

COLLECTION INTERNATIONALE DE *LA TRADITION*

Vol. II.

Les Livres de Divination

TRADUITS SUR UN MANUSCRIT TURC INÉDIT

OUVRAGE DE L'AUTEUR

Traditions populaires de l'Asie Mineure ; 1 vol.
in-8° écu ; t. XXVIII de la *Collection des littératures populaires
de toutes les nations*. Paris, 1889 ; Maisonneuve, éditeur. (*En
collaboration avec M. Henry Carnoy*). . . . . . . 7 fr. 50

EN PRÉPARATION :

Le Folk-Lore de Constantinople (*en collaboration avec
M. Henry Carnoy*) ; 1 vol.

Les Livres des Sorts de la Sphère ; 1 vol.

**Collection de livres populaires turcs, arabes,
grecs et persans.**

COLLECTION INTERNATIONALE DE *LA TRADITION*

DIRECTEURS. MM. EMILE BLÉMONT et HENRY CARNOY

VOLUME II.

LES

Livres de Divination

TRADUITS SUR UN MANUSCRIT TURC INÉDIT

PAR

JEAN NICOLAÏDES

PARIS

AUX BUREAUX DE *LA TRADITION*

33, rue Vavin

J. MAISONNEUVE | LECHEVALIER
25, Quai Voltaire | 39, Quai des Grands-Augustins

M . D . CCC . LXXX . IX

Il a été tiré de cet ouvrage
300 exemplaires dont 250 sont mis dans le commerce
et 6 exemplaires sur papier vergé des Vosges.

AVANT-PROPOS

« *A côté des superstitions orales, mal définies, variables d'un individu ou d'un canton à l'autre, dit le major Wladimir-Andrejevich (Osman-Bey) dans son ouvrage :* Les Imans et les Derviches, *il est toute une série de croyances codifiées, chez les Orientaux. Les auteurs qui ont écrit sur ces matières font foi, chacun pour sa part, et ces jurisconsultes de singulière espèce ont trouvé, à leur tour, des commentateurs et des amplificateurs dont les observations, consignées à la suite de l'œuvre du maître, complètent celle-ci et font corps avec elle* [1]. »

1. Osman Bey, *Les Imans et les Derviches*, 1 vol. in-12. Paris, Dentu, 1881.

Les ouvrages dont parle Osman-Bey se rattachent à l'Astrologie, à la *Science* des Horoscopes, *aux* Sorts *et aux* Divinations. *Leur étude rentre dans le domaine du* Traditionnisme, *aussi bien que dans celui des* Sciences occultes.

La Divination *a tenu une grande place dans la religion, les croyances et les coutumes de l'Antiquité.*

Le livre d'Appollonius de Tyane, Sur l'Astrologie, *ne nous est pas parvenu, mais il nous est resté sur ce sujet quelques ouvrages anciens.*

Le plus important, celui qui seul consolerait de la perte de tous les livres de ce genre, dit M. Chassang, est le dialogue de Cicéron, Sur la Divination, *qui n'est autre que le développement de ce mot attribué au vieux Caton :* « Je ne comprends pas que deux augures puissent se regarder sans rire ! » *Cicéron, augure lui-même, a traité des diverses espèces de divination en homme d'autant plus disposé à en rire qu'il les avait pratiquées.*

Nous avons en grec un traité, Sur la Divination d'après les Pulsations, *et un autre,* Sur la Divination d'après les taches du corps, *tous deux composés par Melampus sous le règne de Ptolémée Philadelphe. On possède également un traité,* Sur l'Art d'interpréter les Songes, *écrit par Artémidore d'Ephèse, au temps des Antonins, et, sur le même sujet, deux autres ouvrages composés par Astrampsichus et le Byzantin Nicéphore Gregous* [1].

S'il faut en croire Eusèbe (Préparation évangélique, liv. V.), *on avait beaucoup écrit dans l'Antiquité pour soutenir ou pour attaquer la Divination. Du temps du savant évêque de Césarée* (IVᵉ siècle), *on comptait 600 ouvrages contre les oracles. Il est probable qu'il n'y en avait pas beaucoup moins pour les oracles.*

Quelques-uns de ces plaidoyers en faveur de la Divination nous sont restés. L'un d'eux, Sur l'Astrologie, *se trouve dans les œuvres de Lucien. Les critiques pensent cependant que Lucien n'en est pas l'auteur* [2]. *Plutarque en a écrit plusieurs :* Que signifie le mot EI gravé sur la porte du Temple de Delphes? — Pourquoi la Pythie ne rend plus ses oracles en vers; — De là cessation des Oracles.

1. V. Chassang, *Apollonius de Tyane,* 1 vol. in-8°. Paris, Didier, 1862; — Schœll, *Hist. de la Litt. grecque,* III, p. 399, et V, p. 378.

2. Chassang, *Op. cit.,* p. 440.

La faveur dont avait joui la Divination chez les Anciens se continua pendant le Moyen-Age et jusqu'à la fin du XVIIe siècle. On lira avec fruit l'histoire de cet art dans le bel ouvrage que lui a consacré M. Bouché-Leclercq [1] et dans les volumes que nous citerons plus loin dans les Notes bibliographiques.

La Magie, l'Astrologie, les Sciences occultes, en un mot, florissaient il y a des milliers d'années en Egypte, en Chaldée, en Phénicie, en Assyrie, et, sans doute aussi, en Judée.

L'Orient a toujours été le pays du merveilleux. Les peuples musulmans, les Arabes tout particulière-ment, ont eu leurs traités de Divination. Quelques-uns de ces ouvrages ont été rendus, par une traduc-tion, accessibles aux études occidentales.

Nous citerons tout particulièrement les Livres de Divination *traduits par le major Wladimir-Andrejevich* [2] : le Qiafet-Nameh (*Livre de la Physio-nomie*), le Fal-Nameh (*Livre des Sorts*), le Tabir Nameh (*Livre des Songes*), le Teufé-el-Moulouk (*Présent des Rois*), le Saati-Nameh (*Livre des*

1. *Histoire de la Divination dans l'Antiquité,* 4 vol. in-8. Paris, Ernest Leroux.
2. *Op. cit.*

Heures). Malheureusement, M. Wladimir Andreje-
vich n'a publié que de courts extraits de ces ouvrages.
M. Certeux a dernièrement donné, dans une revue
spéciale, quelques notes sur un autre livre turc de
Divination : l'Ikhtiladj-Nameh (Livre des Atteintes).

Les Livres de Divination des Turcs ont leurs
similaires en France dans les livres de colportage,
comme la Clé des Songes, le Grand Merlin, etc.

Les Turcs, peuple traditionniste par excellence,
ont une foi entière dans leurs codes de divination,
mais en France, à part quelques bonnes femmes, qui
accorde sa confiance aux oracles des livres populaires ?

Les Livres de Divination que nous publions sont
traduits d'un manuscrit ancien découvert par
M. Jean Nicolaïdes à Constantinople. Plusieurs
hellénistes qui avaient eu entre les mains le manuscrit,
en avaient vainement tenté la lecture. Ecrit en
caractères grecs, l'ouvrage n'offrait aucun sens dans
la langue et les dialectes anciens ou modernes de la
Grèce. Mais, en faisant à haute voix la lecture du
manuscrit, M. Nicolaïdes, qui connaît à fond les
langues orientales, reconnut que le texte était en turc
et en arabe, et transcrit en caractères grecs. Ce

résultat obtenu, il lui fut relativement facile de faire la traduction du manuscrit.

Nous avons donné dans la Tradition [1] *quelques-uns des* Livres de Divination *extraits de ce manuscrit par M. Nicolaïdes. Nous continuons cette publication par le présent volume.*

Nous aurons encore à publier la dernière partie du MS., consacrée aux Sorts de la Sphère.

Ce sera la matière d'un autre volume de la Collection internationale de la Tradition [2].

1. *La Tradition,* tomes I, II et III (ann. 1887-1888-1889).
2. On remarquera que quelques-uns des Livres de Divination sont d'origine grecque ou ont subi l'influence chrétienne.

Paris, 10 juillet 1889.

HENRY CARNOY.

NOTES BIBLIOGRAPHIQUES

Van Dale, *De oraculis veterum*, abrégé par Fontenelle.

Fontenelle, *Histoire des Oracles, par l'Autheur des Dialogues des Morts*, à Amsterdam, 1687; in-12.

Le P. Lebrun, prêtre de l'Oratoire, *Hist. crit. des Pratiques superstitieuses;* 4 vol. in-12; Paris, 1732.

Morin, *Dissertation sur les Augures* (Mém. de *l'Acad. des Inscriptions et Belles-Lettres*, I, p. 29).

Diderot, article sur la *Divination*, dans l'*Encyclopédie*.

Dictionnaire des Sciences occultes, art. *Divination*, dans l'*Encyclopédie théologique* de l'abbé Migne.

B. Mulder, *Disputatio quâ vetustissimorum philosophorum placita de divinatione exponuntur*. Roterodami, 1829, in-8°.

H.-J. Merxlo, *Disputatio de vi et efficaciâ oraculi Delphici. Trajecti ad Rhenum*, 1822, in-8°.

Fr. Cordes, *Disputatio de oraculo Dodonæo*. Groninga, 1826, in-8°.

G.-H. Wolff, *De novissimâ oraculorum ætate*. Berolini, 1854, in-4°.

ALEXANDRE, *Oracula Sybillina*.

ALFRED MAURY, *Hist. des Relig. de la Grèce*, t. I, p. 428 et suiv.; t. II, p. 466 et suiv.; — *La Magie et l'Astrologie dans l'Antiquité et au moyen âge, pas. im.*

BALTHAZAR BEKKER, *Le Monde enchanté*, 4 vol. petit in-8°. Amsterdam, 1694, chez Pierre Rotterdam.

FR. LENORMAND, *Les Sciences occultes en Asie*, 2 vol. in-8°. Paris, 1875, Maisonneuve. — *La Divination et la Science des Présages chez les Chaldéens*. Paris, 1873.

A. BOUCHÉ-LECLERC, *Histoire de la Divination dans l'Antiquité*, 4 vol. in-8°. Paris, Ernest Leroux.

P.-L. JACOB, *Curiosités des Sciences occultes*, 1 vol. in-12. Paris, 1885, Garnier. — *Curiosités infernales*, 1 vol. in-12. Paris, 1886, Garnier.

LUDOVIC LALANNE, *Curiosités des Traditions*, 1 vol. in-12. Paris, 1847, Delahays.

LA TRADITION, tomes II et III, gr. in-8°. Paris, 1888-89.

CH. GIDEL, *Nouvelles Études sur la Littérature grecque moderne*, IVᵉ partie. Paris, 1878, Maisonneuve.

OSMAN-BEY, *Le Imans et les Derviches*, 1 vol. in-12. Paris, 1881, Dentu.

A. CERTEUX, *Rev. des Trad. pop.*, tome II, 1887; — *Notes sur le Sekin-Nameh et le Qiafet-Nameh* (p. 182-83).

H. CARRINGTON-BOLTON, *Counting-Out Rhymes of Children*. 1 vol. in-4°. Londres, 1888, Elliot Stock.

Dᵣ LUDWIG HOPF, *Thierorakel und Orakelthiere*, 1 vol. in-8. Stuttgard, 1888, W. Kohlhammer. (*Ouvrage suivi d'une bibliographie intéressante.*)

I

LE LIVRE DU TONNERRE

**Le tonnerre, son influence
sur les événements du monde, basée sur les constellations**

D'APRÈS LÉON LE SAGE
EMPEREUR DE CONSTANTINOPLE

Septembre. — La constellation du mois de septembre est la Balance. Si le tonnerre gronde pendant la journée, on sait par la constellation qu'il y aura une grande guerre, beaucoup de sang répandu, une prodigieuse quantité de tués et une grande disette. Les bêtes sauvages dévoreront les hommes. En quelque endroit, les vignes, les semailles, les fruits seront détruits ; l'hiver sera très rigoureux.

Si le tonnerre se fait entendre vers le Sud, les produits de la terre seront détruits par la guerre.

Les hommes mourront en grand nombre frappés de maladies contagieuses.

Si le tonnerre gronde pendant la nuit, en Egypte, les hommes s'entre-tueront, les frères égorgeront leurs frères, les sœurs leurs sœurs, les parents leurs parents ; le sang des cadavres empestera l'air. Il y aura guerre à Constantinople, beaucoup de maisons y seront détruites.

Octobre. — La constellation d'octobre est le Scorpion. Si le tonnerre gronde pendant le jour, il y aura une disette sur la terre ; les hommes se tueront ; l'hiver sera rigoureux ; les fruits et les récoltes seront peu abondants ; les brigands pulluleront. Il y aura dissension dans un Etat entre le roi et ses grands fonctionnaires, puis entre les fonctionnaires.

Si le tonnerre gronde la nuit, l'hiver sera doux ; les insectes nuisibles périront ; les vents seront vifs ; les fleuves déborderont. Il y aura des tempêtes en mer ; beaucoup de vaisseaux en souffriront. La paix se fera sur la terre. Des maladies tomberont sur les hommes et les enfants. Que les femmes enceintes se gardent du danger !

Novembre. — La constellation est celle de la

Flèche. Si le tonnerre gronde le jour, il y aura en cet endroit des maladies et des querelles. Vers le Nord, le blé sera abondant ; beaucoup de grands personnages seront renversés et battus. A l'Orient, il y aura disette et famine. L'hiver sera hâtif. Les sauterelles pulluleront en quelques endroits. La grêle tombera en d'autres lieux. Les poissons périront.

Si le tonnerre gronde pendant la nuit, il y aura une grande guerre dans le pays où il se sera fait entendre. Des privilèges seront enlevés aux rois. Cela amènera de grands ravages. Les blés, les fruits et les autres produits de la terre seront abondants.

Décembre. — La constellation du mois est celle du Capricorne. Si le tonnerre gronde pendant la journée, il y aura des pluies, des éclairs. Des discordes éclateront parmi les rois de l'Orient, et des troubles parmi les sujets. Dans l'endroit où le tonnerre gronde, il y aura une grande maladie. Bien des personnes seront bannies de ce royaume.

Si le tonnerre gronde pendant la nuit, les sujets du pays où le tonnerre s'est fait entendre se révolteront. Le roi tuera tous les révoltés. Des armées se mutineront et marcheront contre leur prince. Les révolutions éclateront de partout, aussi bien sur mer que sur terre.. L'hiver sera modéré dans l'endroit où le tonnerre aura grondé.

Janvier. — La constellation de ce mois est celle du Verseau. Si le tonnerre se fait entendre pendant la journée, il y aura une guerre et des maladies mortelles. L'hiver sera agréable. Les fruits et les récoltes seront en abondance. Partout chaque chose sera à bon marché. Il mourra beaucoup d'animaux. Le monde sera dans la joie. Paix et stabilité règneront à Constantinople.

Si le tonnerre gronde pendant la nuit, il y aura une grande guerre ; des vaisseaux périront sur la mer ; les maladies des yeux frapperont les hommes ; bien des personnes mourront de privations et de misère. Les fruits seront abondants. Il y aura une grande joie dans le palais du roi.

Février. — Constellation des Poissons. Si le tonnerre gronde pendant la journée, il y aura défaites et massacres en Syrie, grand danger pour les hommes. Une forteresse sera détruite. L'hiver passera agréablement. Sur toute la terre, les moissons mûriront tôt. Les bestiaux seront en bonne santé. Une grande joie régnera dans le royaume où le tonnerre se sera fait entendre.

Si le tonnerre gronde pendant la nuit, les arbres ne porteront point de fruits. Il y aura des maladies contagieuses et mortelles chez les hommes et chez les animaux. La disette régnera avec la famine. Le reste de la terre sera dans la joie.

Mars. — Constellation du Bélier. Si le tonnerre gronde pendant la journée, des villages seront détruits, des hommes seront tués en Orient. L'hiver sera très rigoureux. Il y aura des maladies mortelles sur les moutons, les bœufs et les autres animaux domestiques. Mais le blé, l'orge et les autres semailles seront en abondance.

Si le tonnerre gronde pendant la nuit, il y aura guerre en Occident. Bien des forteresses seront détruites, bien des barbares seront égorgés. Il y aura disette et famine au Levant, maladies mortelles sur les animaux, mais abondance de blé et d'orge.

Avril. — Constellation du Taureau. Si le tonnerre gronde pendant la journée, il y aura abondance de blé, joie dans le palais du roi, disette et famine en Arabie dont les habitants s'entreégorgeront. Un nouveau roi se montrera en quelque pays. Il y aura grandes dévastations en Occident.

Si le tonnerre gronde pendant la nuit, il y aura disette et famine *chez le peuple sauvage* (?) et des troubles dans un royaume. Le sang sera répandu ; le roi sera tué.

Mai. — Constellation des Gémeaux. Si le tonnerre gronde pendant la journée, il y aura de grandes maladies chez les hommes ; les blés seront détruits. Il y aura des défaites en Arabie. L'hiver sera rigoureux ; les fruits seront perdus. Nombre de fonctionnaires orgueilleux et arrogants seront déchus de leurs fonctions.

Si le tonnerre gronde pendant la nuit, il y aura une maladie sur les hommes ; les fruits seront abondants. Un peuple sauvage s'entre-détruira. Une grande ville disparaîtra.

Juin. — Constellation de l'Ecrevisse. Si le tonnerre gronde pendant la journée, il y aura grands vents et tempêtes. Le blé, l'orge et tous les fruits seront en abondance. Il y aura des troubles à Constantinople ; une guerre éclatera au Nord. L'hiver sera très rigoureux.

Si le tonnerre gronde pendant la nuit, il y aura une maladie mortelle sur les petits animaux, beaucoup de vent, des fruits en abondance. Les brigands infesteront les grandes routes.

Juillet. — Constellation du Lion. Si le tonnerre gronde pendant la journée, le blé, l'orge et toutes choses seront peu abondants. Il y aura une maladie mortelle sur les hommes. L'hiver sera très rigoureux en certains pays. Il y aura une nouvelle guerre ; nombre de vaisseaux seront détruits ; beaucoup d'hommes disparaîtront. Il y aura grande joie chez les Orthodoxes.

Si le tonnerre gronde pendant la nuit, le blé et les autres fruits seront en abondance. Il y aura une maladie chez les hommes. Craignez la fièvre et le choléra.

Août. — Constellation de la Vierge. Si le tonnerre se fait entendre pendant la journée, un roi mourra, son royaume disparaîtra. Il y aura une guerre en Egypte, des dangers considérables sur la mer, des espions en Occident. L'hiver sera rigoureux. Les oiseaux seront frappés de maladies mortelles.

Si le tonnerre gronde pendant la nuit, il y aura

disette et famine chez le peuple sauvage. En Égypte, les vivres seront à bas prix. Un roi fera une guerre navale. Il y aura une grande défaite. Des vents froids souffleront et feront beaucoup de dommages.

II

LE SECOND LIVRE DU TONNERRE

**Le tonnerre et son influence
sur la terre au commencement et à la fin du mois lunaire.**

Mars. — Si le tonnerre gronde au commencement — les 15 premiers jours — de la lune, il fera très beau, le blé et l'orge seront en abondance ; mais le choléra règnera.

Si le tonnerre gronde à la fin — les 15 derniers jours — de la lune, il y aura des troubles et une révolution.

Avril. — Si le tonnerre gronde au commencement de la lune, il y aura une guerre et des troubles dans l'endroit où il se sera fait entendre.

Si le tonnerre gronde vers la fin de la lune, il y aura disette et famine, absence de fruits, embarras et ennuis sur la terre. Tous les hommes, grands et petits, ne seront pas tranquilles.

Mai. — Si le tonnerre gronde au commencement du mois lunaire, il y aura une guerre et des troubles.

Si le tonnerre gronde vers la fin de la lune, il y aura des maladies et des massacres.

Juin. — Si le tonnerre gronde au commencement du mois lunaire, il y aura des amertumes, des douleurs, des pertes et de l'ennui.

S'il gronde sur la fin, il y aura des maladies et des désastres.

Juillet. — Si le tonnerre gronde au commencement du mois lunaire, les récoltes seront abondantes. Toutes choses seront à bon marché.

S'il gronde vers la fin, les pluies seront torrentielles et il y aura de la grêle. Il arrivera grandes pertes et dommages.

Août. — Si le tonnerre gronde au commencement du mois lunaire, il y aura des maladies, des embarras et des malheurs. Il tombera beaucoup de pluie et de grêle.

S'il gronde vers la fin, il y aura pluie, grêle et vents violents.

Septembre. — Si le tonnerre gronde au commencement de la lune, il y aura des maladies mortelles, les enfants mourront soudainement comme aussi les oiseaux.

Si le tonnerre gronde vers la fin du mois lunaire, il y aura de la pluie, des vents froids et violents, des pertes et dommages dans les vignobles. Les raisins et les fruits seront perdus.

Octobre. — Si le tonnerre gronde au commencement de la lune, il y aura déclaration de guerre à une nation barbare qui sera vaincue.

S'il gronde à la fin de la lune, il y aura une maladie mortelle sur les hommes, de la pluie, des troubles, des difficultés sur la terre.

Novembre. — Si le tonnerre se fait entendre au commencement du mois lunaire, il y aura vents et tempêtes, les vaisseaux feront naufrage, beaucoup de personnes périront en mer.

Si le tonnerre gronde à la fin de la lune, les fruits seront abondants, le monde sera dans la joie.

Décembre. — Si le tonnerre gronde au commencement de la lune, le blé, le vin, l'huile seront en abondance, comme aussi toutes choses.

S'il gronde à la fin du mois, les fruits seront abondants, les animaux se porteront à merveille.

Janvier. — Si le tonnerre se fait entendre au commencement de la lune, il y aura repos et tranquillité sur la terre ; les semences seront en bon état. Il y aura grande joie chez les hommes et les animaux.

S'il gronde au décroissement de la lune, il y aura pertes et dommages chez les moutons et les grands personnages.

Février. — Si le tonnerre se fait entendre au croissement de la lune, il y aura santé générale ; toutes choses seront à bon marché.

S'il gronde au décours de la lune, le monde sera comblé de moissons ; la santé sera excellente.

LE TROISIÈME LIVRE

DU TONNERRE

Suivant les constellations

(On doit chercher dans le tableau spécial, le jour où le tonnerre se fait entendre, le jour du mois lunaire, et la coïncidence de ce jour avec la constellation.)

Le Bélier. — Si le tonnerre se fait entendre sous cette constellation, il y aura des destructions en Egypte et dans les grandes villes. Il y aura des maladies mortelles chez les hommes dans tous les pays. Les hommes seront frappés d'ophthalmies. L'hiver sera long. L'orge viendra en abondance.

Le Taureau. — Si le tonnerre se fait entendre sous cette constellation, le blé sera en abondance dans tous les pays. Il y aura grande joie à Constantinople, disette et famine en Orient et l'on s'y entretuera. Il y aura des maladies en Occident. Les grands animaux mourront.

Les Gémeaux. — Si le tonnerre se fait entendre sous cette constellation, il y aura des maladies chez les hommes ; le blé sera rare ; les grands animaux seront détruits.

L'Ecrevisse. — Si le tonnerre se fait entendre sous cette constellation, il soufflera des vents violents ; il y aura des troubles et du sang versé chez une nation. Beaucoup d'animaux mourront. L'hiver sera rigoureux ; le blé, le vin, les fruits seront en abondance.

Le Lion. — Si le tonnerre gronde sous cette constellation, tous les fruits seront détruits. Il y aura des troubles chez les nations de l'Occident, des maladies mortelles chez les hommes ; l'hiver sera agréable ; le blé, l'orge, les légumes viendront en abondance. Les vents seront dangereux sur la mer. Bien des vaisseaux périront.

La Vierge. — Si le tonnerre se fait entendre sous cette constellation, il y aura une guerre violente en Egypte ; les poissons seront rares, l'hiver modéré au commencement, le blé passable, les fruits abondants.

La Balance. — Si le tonnerre gronde sous

cette constellation, il y aura des guerres, les hommes s'entretueront, les fruits seront détruits, les maladies mortelles s'abattront sur les animaux ; l'hiver sera agréable ; les fleuves déborderont ; il y aura famine et disette en Occident, crainte et inquiétude chez les nations, des pertes d'hommes en quelques endroits.

Le Scorpion. — Si le tonnerre se fait entendre sous cette constellation, les hommes s'entre-dévoreront, l'hiver sera agréable, les fruits seront médiocres, comme les récoltes. Les brigands se montreront en quelques endroits.

La Flèche. — Si le tonnerre gronde sous cette constellation, il y aura des troubles, des rapts dans une grande ville, mortalité chez les poissons, grandes tempêtes sur la mer, des sauterelles en certains endroits. L'hiver sera passable.

Le Capricorne. — Si le tonnerre se fait entendre sous cette constellation, il y aura des troubles parmi les grands ; la foudre tombera souvent. Il y aura des maladies mortelles chez les hommes. Les gens de mer auront fort à faire.

Le Verseau. — Si le tonnerre se fait entendre sous cette constellation, il y aura une grande

joie en Paphlagonie, une joie modérée à Sparte.
L'hiver sera rigoureux. Beaucoup seront appelés
à de hautes fonctions. Les sauterelles seront
détruites.

Les Poissons. — Si le tonnerre gronde sous
cette constellation, les chefs seront en danger,
l'hiver sera rigoureux, les bêtes sauvages périront,
les moutons prospéreront, le royaume d'Orient
sera en repos et ses habitants dans la joie.

IV

LE LIVRE DES CONSTELLATIONS

D'APRÈS LÉON LE SAGE

L'année commence le 1er octobre. — Il faut chercher la constellation du 1er octobre. C'est cette constellation qui est celle de l'année entière. Chaque constellation règne deux jours et demi.

Le Soleil règne sur chaque constellation trente jours et une heure, deux jours et demi dans un mois (lunaire ?)

On trouve sur quelle constellation est le mois (lunaire ?) quand on se met à compter à partir du 13 mars.

Les 12 constellations sont divisées en 4 parties, conformément aux 4 éléments, de sorte que chaque élément a 3 constellations.

2.

LE VENT	LE FEU	LA TERRE	LA PLUIE
Le Bélier	L'Écrevisse	La Balance	Le Verseau
Le Taureau	Le Lion	La Flèche	Les Poissons
Les Gémeaux	La Vierge	Le Capricorne	Le Scorpion

Les savants se demandent pourquoi Dieu a voulu que chaque constellation ne régnât que deux jours et demi. En voici la raison :

Si la constellation du Vent régnait trois mois, tout serait détruit sur mer, les communications seraient rompues. Si la constellation de la Terre régnait trois mois, la terre ne produirait pas de fruits ; et si c'était celle de la Pluie, il y aurait un Déluge sur le globe.

V.

TABLEAU DES CONSTELLATIONS

D'APRÈS LÉON LE SAGE

———

SEPTEMBRE.

Du	1er au	3	midi. . . règne. . .	la Balance.
	3 —	5	soir. . . — . . .	le Scorpion.
	5 —	8	midi. . . — . . .	la Flèche.
	8 —	10	soir. . . — . . .	le Capricorne.
	10 —	13	midi. . . — . . .	le Verseau.
	13 —	15	soir. . . — . . .	les Poissons.
	15 —	18	midi. . . — . . .	le Bélier.
	18 —	20	soir. . . — . . .	le Taureau.
	20 —	23	midi. . . — . . .	les Gémeaux.
	23 —	25	soir. . . — . . .	l'Écrevisse.
	25 —	28	midi. . . — . . .	le Lion.
	28 —	30	soir. . . — . . .	la Vierge.

OCTOBRE.

Du	1er au	3	midi. . . règne. . .	l'Écrevisse.
	3 —	5	soir. . . — . . .	la Flèche.
	5 —	8	midi. . . — . . .	le Capricorne.
	8 —	10	soir. . . — . . .	le Verseau.
	10 —	13	midi. . . — . . .	les Poissons.
	13 —	15	soir. . . — . . .	le Bélier.
	15 —	18	midi. . . — . . .	le Taureau.
	18 —	20	soir. . . — . . .	les Gémeaux.
	20 —	23	midi. . . — . . .	l'Écrevisse.
	23 —	25	soir. . . — . . .	le Lion.
	25 —	28	midi. . . — . . .	la Vierge.
	28 —	30	soir. . , — . . .	la Balance.

NOVEMBRE.

Du 1er au 3 midi. . . règne. . . la Flèche.

3 — 5 soir. . . — . . . le Capricorne.

5 — 8 midi. . . — . . . le Verseau.

8 — 10 soir. . . — . . . les Poissons.

10 — 13 midi. . . — . . . le Bélier.

13 — 15 soir. . . — . . . le Taureau.

15 — 18 midi. . . — . . . les Gémeaux.

18 — 20 soir. . . — . . . l'Écrevisse.

20 — 23 midi. . . — . . . le Lion.

23 — 25 soir. . . — . . . la Vierge.

25 — 28 midi. . . — . . . la Balance.

28 — 30 soir. . . — . . . le Scorpion.

DÉCEMBRE.

Du 1er au 3 midi. . . règne. . . le Capricorne.

3 — 5 soir. . . — . . . le Verseau.

5 — 8 midi. . . — . . . les Poissons.

8 — 10 soir. . . — . . . le Bélier.

10 — 13 midi. . . — . . . le Taureau.

13 — 15 soir. . . — . . . les Gémeaux.

15 — 18 midi. . . — . . . l'Écrevisse.

18 — 20 soir. . . — . . . le Lion.

20 — 23 midi. . . — . . . la Vierge.

23 — 25 soir. . . — . . . la Balance.

25 — 28 midi. . . — . . . le Scorpion.

28 — 30 soir. . . — . . . la Flèche.

JANVIER.

Du 1er au 3 midi. . . règne. . . le Verseau.

3 — 5 soir. . . — . . . les Poissons.

5 — 8 midi. . . — . . . le Bélier.

8 — 10 soir. . . — . . . le Taureau.

10 — 13 midi. . . — . . . les Gémeaux.

13 — 15 soir. . . — . . . l'Écrevisse.

15 — 18 midi. . . — . . . le Lion.

18 — 20 soir. . . — . . . la Vierge.

20 — 23 midi. . . — . . . la Balauce.

23 — 25 soir. . . — . . . le Scorpion.

25 — 28 midi. . . — . . . la Flèche.

28 — 30 soir. . . — . . . le Capricorne.

FÉVRIER.

Du 1er au 3 midi. . . règne. . . les Poissons.

3 — 5 soir. . . — . . . le Bélier.

5 — 8 midi. . . — . . . le Taureau.

8 — 10 soir. . . — . . . les Gémeaux.

10 — 13 midi. . . — . . . l'Écrevisse.

13 — 15 soir. . . — . . . le Lion.

15 — 18 midi. . . — . . . la Vierge.

18 — 20 soir. . . — . . . la Balance.

20 — 23 midi. . . — . . . le Scorpion.

23 — 25 soir. . . — . . . la Flèche.

25 — 28 midi. . . — . . . le Capricorne.

28 — 30 soir. . . — . . . le Verseau.

MARS.

Du 1er au 3 midi. . . règne. . . le Bélier.
    3 — 5 soir. .   — . . . le Taureau.
    5 — 8 midi. .   — . . . les Gémeaux.
    8 — 10 soir. . . — . . . l'Écrevisse.
   10 — 13 midi. .   — . . . le Lion.
   13 — 15 soir. . . — . . . la Vierge.
   15 — 18 midi. . . — . . . la Balance.
   18 — 20 soir. . . — . . . le Scorpion.
   20 — 23 midi. . . — . . . la Flèche.
   23 — 25 soir. . , — . . . le Capricorne.
   25 — 28 midi. . . — . . . le Verseau.
   28 — 30 soir. . . — . . . les Poissons.

AVRIL.

Du 1er au 3 midi. . . règne. . . le Taureau.
    3 — 5 soir. . . — . . . les Gémeaux.
    5 — 8 midi. . . — . . . l'Écrevisse.
    8 — 10 soir. . . — . . . le Lion.
   10 — 13 midi. . . — . . . la Vierge.
   13 — 15 soir. . . — . . . la Balance.
   15 — 18 midi. . . — . . . le Scorpion.
   18 — 20 soir. . . — . . . la Flèche.
   20 — 23 midi. . . — . . . le Capricorne.
   23 — 25 soir. . . — . . . le Verseau.
   25 — 28 midi. . . — . . . les Poissons.
   28 — 30 soir. . . — . . . le Bélier.

MAI.

Du 1er au 3	midi. . .	règne. . .	les Gémeaux
3 — 5	soir. . .	— . . .	l'Écrevisse.
5 — 8	midi. . .	— . . .	le Lion.
8 — 10	soir. . .	— . . .	la Vierge.
10 — 13	midi. . .	— . . .	la Balance.
13 — 15	soir. . .	— . . .	le Scorpion.
15 — 18	midi. . .	— . . .	la Flèche.
18 — 20	soir. . .	— . . .	le Capricorne.
20 — 23	midi. . .	— . . .	le Verseau.
23 — 25	soir. . .	— . . .	les Poissons.
25 — 28	midi. . .	— . . .	le Bélier.
28 — 30	soir. . .	— . . .	le Taureau.

JUIN.

Du 1er au 3	midi. . .	règne. . .	l'Écrevisse.
3 — 5	soir. . .	— . . .	le Lion.
5 — 8	midi. . .	— . . .	la Vierge.
8 — 10	soir. . .	— . . .	la Balance.
10 — 13	midi. . .	— . . .	le Scorpion.
13 — 15	soir. . .	— . . .	la Flèche.
15 — 18	midi. . .	— . . .	le Capricorne.
18 — 20	soir. . .	— . . .	le Verseau.
20 — 23	midi. . .	— . . .	les Poissons.
23 — 25	soir. . .	— . . .	le Bélier.
25 — 28	midi. . .	— . . .	le Taureau.
28 — 30	soir. . .	— . . .	les Gémeaux.

JUILLET.

Du 1er au 3	midi...	règne...	le Lion.
3 — 5	soir...	— ...	la Vierge.
5 — 8	midi...	— ...	la Balance.
8 — 10	soir...	— ...	le Scorpion.
10 — 13	midi...	— ...	la Flèche.
13 — 15	soir...	— ...	le Capricorne.
15 — 18	midi...	— ...	le Verseau.
18 — 20	soir...	— ...	les Poissons.
20 — 23	midi...	— ...	le Bélier.
23 — 25	soir...	— ...	le Taureau.
25 — 28	midi...	— ...	les Gémeaux.
28 — 30	soir...	— ...	l'Écrevisse.

AOUT.

Du 1er au 3	midi...	règne...	la Vierge.
3 — 5	soir...	— ...	la Balance.
5 — 8	midi...	— ...	le Scorpion.
8 — 10	soir...	— ...	la Flèche.
10 — 13	midi...	— ...	le Capricorne.
13 — 15	soir...	— ...	le Verseau.
15 — 18	midi...	— ...	les Poissons.
18 — 20	soir...	— ...	le Bélier.
20 — 23	midi...	— ...	le Taureau.
23 — 25	soir...	— ...	les Gémeaux.
25 — 28	midi...	— ...	l'Écrevisse.
28 — 30	soir...	— ...	le Lion.

VI

LE LIVRE DE L'ÉCLAIR

Ce que signifie l'Eclair quand il paraît

Septembre. — Si l'éclair paraît pendant ce mois, il y aura des malheurs chez les hommes ; Dieu enverra des calamités.

Octobre. — Si l'éclair paraît pendant ce mois, les hommes s'entre-dévoreront à la suite d'une grande guerre.

Novembre. — Si l'éclair paraît pendant ce mois, il y aura santé, force, stabilité.

Janvier. — Si l'éclair se montre pendant ce mois, Dieu enverra des calamités sur la tête des grands.

Décembre. — Si l'éclair se montre pendant ce mois, le peuple se révoltera contre ses chefs. Bien des personnes périront.

Février. — Si l'éclair se montre pendant ce

3

mois, il y aura des querelles et des guerres sur la terre.

Mars. — Si l'éclair se montre pendant ce mois, il y aura du sang versé en un certain pays à la suite d'une guerre. .

Avril. — Si l'éclair se montre pendant ce mois, il y aura des craintes et des troubles.

Mai. — Si l'éclair se montre en ce mois, il y aura des maladies mortelles chez les grands.

Juin. — Si l'éclair se montre en ce mois, il y aura des malheurs dans les provinces.

Juillet. — Si l'éclair se montre en ce mois, il y aura de la pluie et de la grêle.

Août. — Si l'éclair se montre pendant ce mois, il y aura famine et disette en Perse.

VII

LE LIVRE DU TREMBLEMENT DE TERRE

D'APRÈS LÉON LE SAGE

Septembre. — Si le tremblement de terre survient pendant le jour, les produits de la terre seront à un haut prix. Il y aura disette et famine, et de grandes craintes chez les hommes.

Si le tremblement arrive la nuit, il y aura des maladies mortelles chez les hommes, des guerres éclateront et des vaisseaux périront.

Octobre. — Si le tremblement de terre survient pendant le jour, beaucoup de villes seront détruites par suite d'une guerre ; bien des riches mourront. Il y aura de nombreux corsaires sur la mer.

S'il se fait la nuit, les fruits seront en abondance, mais il y aura des maladies et des ennuis chez les hommes ; les sauterelles détruiront les arbres fruitiers.

Novembre. — Si le tremblement survient pendant le jour, il y aura des discussions, des troubles, des guerres ; le blé sera abondant, les fleuves déborderont.

S'il se fait la nuit, la paix règnera, mais il y aura une guerre navale ; les. pluies seront abondantes.

Décembre. — Si le tremblement se fait pendant le jour, un roi se mettra en campagne avec toutes ses forces ; son armée sera atteinte de maladies et fuira en abandonnant le roi qui tombera prisonnier de ses ennemis ; une grande forteresse sera détruite ; le blé et les semences seront en bon état, et les pluies abondantes ; il y aura des maladies mortelles chez les animaux sauvages.

S'il se fait la nuit, il y aura des craintes, des guerres, des vaisseaux détruits. Un roi se mettra en campagne ; il sera vaincu ; son royaume sera pris par un autre roi ; bien des forteresses seront détruites, les pluies seront abondantes.

Janvier. — Si le tremblement survient pendant le jour, il y aura de grandes tempêtes sur la mer et de terribles maladies ; les fruits seront abondants.

S'il se fait la nuit, il y aura des guerres civiles, du sang versé, des pleurs, des gémissements et des lamentations. Une grande province sera détruite. Il y aura des troubles sur la mer et parmi les hommes ; les fruits viendront en grande quantité.

Février. — Si le tremblement se fait pendant le jour, le roi de ce pays-là accablera ses sujets de vexations ; il mettra à mort nombre de personnes marquantes. Il y aura des troubles dans une forteresse, on en changera les officiers ; la pluie sera abondante de même que les récoltes.

S'il se fait de nuit, il y aura une grande guerre parmi les rois ; beaucoup de forteresses seront détruites ; au Nord le blé sera abondant.

Mars. — Si le tremblement se fait pendant le jour, le blé, les fruits seront abondants. Il y aura des troubles et des maladies chez les hommes et les animaux.

S'il se fait de nuit, les hommes se révolteront dans toutes les provinces ; des villes seront détruites par suite de guerres ; une grande maladie règnera sur les hommes en Orient ; une grande province sera prise par les ennemis.

Avril. — Si le tremblement se fait pendant le jour, on pensera à trahir le roi en Egypte ; il y aura des troubles chez les Egyptiens ; beaucoup de personnes s'entre-détruiront ; les fruits seront en trop grande abondancce.

S'il se fait la nuit, il y aura du tapage, du bruit dans un royaume ; beaucoup de sang sera versé parmi les nations qui n'écoutent pas le bon sens. Des infidèles et des impies seront vaincus et détruits ; il y aura une éclipse de soleil et de la pluie ; les semences seront abondantes ; la disette et la famine affligeront l'Egypte.

Mai. — Si le tremblement se fait pendant le jour, il y aura des guerres ; bien des provinces seront bouleversées ; les riches deviendront pauvres et les pauvres deviendront riches ; les sujets se révolteront contre leur roi et le mettront à mort ; beaucoup de personnes seront tuées par leurs propres enfants ; le blé, le vin, les fruits seront abondants.

S'il se fait la nuit, il y aura une grande guerre, beaucoup de sang versé ; puis la paix reviendra. Tous les produits seront à bon marché.

Juin. — Si le tremblement se fait pendant le

jour, il y aura des maladies mortelles chez les grands ; il arrivera des afflictions, des pertes et dommages considérables dans cette localité.

Si le tremblement se fait pendant la nuit, il y aura beaucoup de sang versé et bien des troubles chez les nations infidèles, impies et ingrates.

Juillet. — Si le tremblement de terre se fait le jour, un peuple fidèle et croyant détruira un peuple barbare et incrédule ; en outre, une forteresse sera rasée, les hommes se détruiront ; le blé et tous les produits de la terre seront de bonne qualité.

S'il se fait la nuit, la nation barbare et incrédule perdra sa force et elle tombera en esclavage ; les fruits et les semences seront abondants.

Août. — Si le tremblement se fait pendant le jour, certaines forteresses seront détruites, il y aura des afflictions, des lamentations, beaucoup de maladies ; les petits et les grands de la nation mourront ; une ville sera détruite, elle se relèvera dans le courant d'une année.

S'il se fait pendant la nuit, il y aura santé, bonheur et grande joie chez les hommes ; la pluie sera abondante, le blé, l'orge en grande quantité, mais il y aura des maladies mortelles chez les petits animaux.

VIII

LE SECOND LIVRE
DU TREMBLEMENT DE TERRE

Ce que signifie le tremblement de terre suivant la constellation.

D'APRÈS PYTHAGORE

Si le tremblement de terre se fait sous la constellation du Bélier, le blé sera abondant; il y aura de la joie sur la terre.

Si le tremblement se fait sous la constellation du Taureau, il y aura des troubles; beaucoup de personnes seront inquiétées.

Si le tremblement se fait sous la constellation des Gémeaux, il y aura des guerres; on verra des brigands sur les grandes routes et dans les provinces.

Si le tremblement de terre se fait sous la constellation de l'Ecrevisse, une grande ville sera anéantie par suite du tremblement de terre ; il y aura des pertes et des dommages considérables.

Si le tremblement se fait sous la constellation du Lion, il y aura des maladies mortelles chez les hommes ; toutes choses subiront des dommages.

Si le tremblement se fait sous la constellation de la Vierge, il y aura des maladies ; beaucoup de personnes en mourront.

Si le tremblement de terre se fait sous la constellation de la Balance, il y aura des maladies mortelles chez les animaux et les hommes du Nord.

Si le tremblement se fait sous la constellation du Scorpion, les poissons seront abondants ; il y aura beaucoup de joie sur la terre.

Si le tremblement se fait sous la constellation de la Flèche, il y aura famine et disette sur la terre, comme aussi de l'ennui, des dommages et pertes.

Si le tremblement se fait sous la constellation du Capricorne, il arrivera des malheurs ; une ville sera anéantie par suite du tremblement.

Si le tremblement se fait sous la constellation du Verseau, il aura des troubles et des guerres sur la terre,

Si le tremblement se fait sous la constellation des Poissons, il y aura de grandes maladies, de la crainte et des embarras sur la terre.

LE LIVRE DES NAISSANCES

D'APRÈS PYTHAGORE, LE SAGE ET L'ASTRONOME

Les 12 constellations et leur influence sur les naissances humaines. On doit savoir sous quelle constellation est née la personne. Pour cela, il faut connaître le jour du mois où elle est née, en outre le jour du mois lunaire. Ex. :

Si une personne est née le 2 avril, c'est le Taureau qui règne du 1er au 3 avril à midi. En consultant le tableau suivant, on verra les vertus, qualités et défauts qu'aurait une personne le née 2 avril.

L'enfant qui naît sous la constellation du Bélier sera doux, paisible, modeste, juste, heureux en tout.

L'enfant qui naît sous la constellation du Taureau devient heureux, mais il est disposé à la colère.

L'enfant qui naît sous la constellation des Gémeaux devient laborieux cultivateur, craintif, peureux.

L'enfant qui naît sous la constellation de l'Ecrevisse devient fort heureux, il entreprendra de grandes affaires qui toutes lui réussiront.

L'enfant qui naît sous la constellation de la Vierge devient doux, paisible, sincère, miséricordieux, mais un peu colère.

L'enfant qui vient au monde sous la constellation de la Balance devient sincère, juste, aimant à dire la vérité.

L'enfant qui vient au monde sous la constellation du Scorpion devient méchant, colère, difficile et un peu orgueilleux.

L'enfant qui vient au monde sous la constellation de la Flèche devient heureux et fort.

L'enfant qui vient au monde sous la constellation du Capricorne devient ignorant et un peu paresseux dans toutes ses affaires.

L'enfant qui vient au monde sous la constellation du Verseau devient juste, heureux dans toutes ses entreprises, un peu colère.

L'enfant qui naît sous la constellation du Poisson deviendra juste, hospitalier ; il aura peu d'esprit et de l'embonpoint sans être gras.

X

Le SECOND LIVRE des NAISSANCES

Suivant les jours de la semaine

D'APRÈS LÉON LE SAGE.

L'enfant qui vient au monde le Lundi sera difficile en amour, rieur, honteux, facilement irrité contre sa femme, mais il sera fidèle, économe, honorable, il aura des yeux bleus.

L'enfant qui vient au monde le Mardi sera inhumain, désobligeant, violent, menteur, orgueilleux, paresseux, malheureux par l'ordre de Dieu ; il sera détesté par ses propres parents.

L'enfant qui vient au monde le Mercredi sera pieux, honorable, craignant Dieu, poli, doué de toutes les vertus, mais trop bilieux.

L'enfant qui vient au monde le Jeudi sera beau ; il remplira de grandes fonctions, sera honorable, honteux, miséricordieux, fameux, fidèle en toutes ses affaires, riche.

L'enfant qui vient au monde le Vendredi sera flatteur, fidèle à sa femme, fou d'amusements et de plaisirs ; il honorera ses supérieurs.

L'enfant qui naîtra le Samedi sera rusé, avare, sec, mauvais cœur, malheureux dans ses entreprises ; il passera toute sa vie à agir imprudemment.

L'enfant qui vient au monde le Dimanche est doué de toutes les vertus aussi bien physiques qu'intellectuelles ; il sera pieux, mais un peu colère.

LE TROISIÈME LIVRE DES

NAISSANCES

Suivant les mois, ce que deviendra la personne,
ce qu'elle souffrira durant sa vie, combien elle vivra d'années, etc.

D'APRÈS LÉON LE SAGE

SEPTEMBRE

Le 13 de ce mois commence la constellation de la Balance ; le jour le plus heureux pour la naissance d'un enfant, c'est le Mercredi. Il (l'enfant) doit bien se garder d'une personne au visage rond, être sur ses gardes quand il va au tribunal ; il deviendra chanteur, circonspect, sage, miséricordieux ; sa maison sera sur le penchant d'une montagne ; il ne sera ni méchant ni vindicatif. Qu'il se garde d'un endroit élevé, qu'il ne sorte pas de sa maison le soir venu, qu'il ne passe pas la nuit une rivière, qu'il ne se promène pas seul sur le rivage, qu'il ne communique à personne ses rêves, qu'il ne se promène pas nuitamment dans les cimetières. Il restera long-temps célibataire, il aimera les femmes, il finira par épouser une jeune vierge, sa femme l'aban-donnera ou elle mourra, ses enfants lui occasion-neront bien des amertumes. Qu'il ne fréquente pas les tribunaux, qu'il porte l'image de Jésus-Christ crucifié et le sceau (cachet) de Salomon.

Il sera courageux, il passera plusieurs années dans les pays étrangers, il retournera dans son pays; il jurera, on le mettra en prison; quand il sera délivré, le bon Dieu lui procurera toutes sortes de prospérités. Il aura des grains de beauté sur le cou, sur les bras et sur la cuisse; il sera honoré par les grands personnages. Qu'il se gare des animaux sauvages, surtout quand il aura trente ans; il ne mourra pas dans son pays natal. Qu'il n'aille pas à la chasse.

Il sera malade à 15, 28, 42, 83 ans; s'il retrouve la santé, il vivra jusqu'à sa 92e année.

Il doit se faire dire une messe au nom de la Sainte-Croix et de saint Jean-Baptiste, se frotter de l'huile de leur lampe. Il peut ainsi espérer de revenir à la santé.

Sur la naissance d'une fille.

Le meilleur jour d'une fille qui vient au monde sous la constellation de la Balance, c'est le Samedi. Elle sera bien faite de corps, sage, de bonne conduite, cruelle, intelligente, le visage arrondi, jalouse ; elle mourra d'une maladie des seins qui occasionnera une pleurésie.

Qu'elle ne communique à personne ses secrets, qu'elle ne travaille point le vendredi, qu'elle porte l'image de Jésus-Christ crucifié.

Elle sera patiente en toutes choses et un peu triste ; elle aura des grains de beauté sur le cou et sur le visage. Qu'elle ne désire pas les choses étrangères ni les biens de son père.

Un enfant lui procurera de la tristesse ; elle sera calomniée, mais recherchée par des prétendants ; elle épousera un homme charmant. Elle aura des enfants très robustes ; elle sera triste à cause de ses fils. Elle souffrira en plusieurs endroits de son corps. Elle aura quelque chose de fâcheux dans la partie honteuse ; elle sera fidèle sur tous les points, brûlée par le feu, mordue par un chien.

Elle tombera malade quand elle aura 3, 5, 16,

20, 36, 68, 76 ans. Si elle est délivrée de ces maladies, elle vivra jusqu'à sa 80e année.

Elle se fera dire une messe au nom de la Sainte-Croix, de Notre-Dame et de Jean-Baptiste ; elle se frottera de l'huile de leurs lampes pour regagner la santé.

OCTOBRE

La constellation de ce mois, c'est le Scorpion. Le meilleur jour d'un garçon pour venir au monde sous cette constellation, c'est le Mardi. Il doit bien se garder du 6e mois lunaire. S'il va au tribunal, qu'il y soit circonspect.

Il sera atteint du mauvais-œil ; il aura peur du poisson ; il sera fort heureux et aimé de tous.

S'il cultive la vigne, il y mettra tous ses soins. Il lui arrivera du bonheur qui ne lui profitera guère. Qu'il n'en remercie pas moins le bon Dieu.

Il sera un peu paresseux et jaloux. Il lui arrivera des dangers par les femmes ; il perdra beaucoup d'argent ; de temps en temps il se sentira des douleurs au cœur et dans les organes intérieurs ; il aura peur de l'éclair ; il sera fort heureux avec les moissons et les bestiaux et sera mordu par le serpent. Qu'il porte sur lui pour gardienne la parole de Dieu.

Il aura des relations illicites avec une femme ; il en sera honteux et ridicule. Qu'il ne mange pas d'oignons ni de poireaux : ces mets lui porteraient malheur. Il sera simple, riche par la grâce de Dieu. Bien des personnes seront jalouses de lui.

Sa première femme mourra ou l'abandonnera ; il se remariera. Il aura le visage blanc ; il souffrira de douleurs dans les veines. Il sera contraint de jurer, il jurera, mais à son détriment ; les femmes seront jalouses de lui ; il aura des grains de beauté sur la poitrine, sur le cou et sur l'épaule. Un de ses grands enfants mourra ; il en sera fort attristé.

Il tombera malade quand il aura 3, 5, 8, 11, 23, 38, 55, 72 ans ; s'il se débarrasse de ces maladies, il vivra jusqu'à sa 90e année.

Il doit se faire dire une messe au nom de saint Jean-Baptiste, de saint Jean-Chrysostôme et de saint Antoine, et se frotter de l'huile de leurs lampes pour regagner la santé.

Sur la naissance d'une fille.

Le meilleur jour d'une fille pour venir au monde sous cette constellation, c'est le Mardi. Elle sera belle ; elle aura le visage arrondi et sera assez grosse, blanche, circonspecte ; elle aura de bons signes sur son corps, sur sa tête et sur son visage.

Elle aimera ses parents de tout son cœur. Qu'elle se garde des éclairs ; qu'elle ne travaille pas le vendredi. Elle aura des douleurs et des peines de cœur et des maux d'yeux. Elle sera marquée de grains de beauté dans sa partie droite et elle ressentira des douleurs dans les reins.

Une méchante femme la poursuivra pour lui faire du mal ; sa maison sera bien réglée ; elle sera hospitalière ; elle héritera de biens considérables. Qu'elle ne se promène pas dans les cimetières. Elle aura des douleurs dans les parties latérales ; elle avortera d'un enfant ; elle en perdra un autre ; ses accouchements seront dangereux ; elle en éprouvera de grands maux.

Elle tombera malade quand elle aura 2, 5, 13,

36, 48, 53, 65 ans ; si elle se débarrasse de ces maladies, elle vivra 83 ans.

Qu'elle se fasse dire une messe au nom de la Résurrection de Notre Seigneur, à celui de saint Pantéléimon ; qu'elle se frotte avec l'huile de leurs lampes pour regagner la santé.

NOVEMBRE

C'est le 12 de ce mois que commence la constellation de la Flèche. Le meilleur jour d'un garçon qui vient au monde sous cette constellation, c'est le Dimanche. Cet enfant sera aimé de ses parents, fidèle, orgueilleux, adultère, assez intelligent, léger, avare ; il éprouvera beaucoup de douleurs ; il lui arrivera des maux par les femmes ; il perdra ses procès devant les tribunaux ; il sera fort riche ; il aura beaucoup d'amis.

Il se gardera de communiquer ses rêves et ce qu'il compte entreprendre. Qu'il porte sur soi pour garde la parole du bon Dieu. Il a à craindre le couteau.

Il aura des signes sur les pieds et sur les épaules. Qu'il n'aille pas au cimetière quand il y aura un enterrement. Il possédera une maison à l'étranger ; il deviendra homme politique. Il aura beaucoup d'enfants. Il trouvera des biens cachés sous une pierre dans le jardin d'une maison qui lui viendra par héritage. Il fera des progrès dans tous les arts ; il aura des pertes et dommages ; il sera nommé à de grandes fonctions à cause de sa fidélité et sera honoré par tout le monde.

Il ira à l'étranger et il lui arrivera des malheurs de la part des méchants, mais le bon Dieu ne l'abandonnera point.

Il retournera dans son pays ; il perdra un de ses grands enfants, il en sera très attristé. Il aura dans les veines des douleurs occasionnées par la crainte. Il aura une bonne femme et lui sera fidèle. Ses enfants seront bons et il en sera réjoui. Il gagnera des biens considérables ; il sera aimé des femmes. Il tombera d'un arbre.

Il sera malade quand il aura 3, 4, 11, 19, 28, 41, 55, 72 ans. S'il se débarrasse de ces maux, il vivra jusqu'à sa 90e année.

Il se fera dire une messe au nom des Archanges, de Notre-Dame et de saint Georges ; il se frottera de l'huile de leurs lampes pour regagner la santé.

Sur la naissance d'une fille.

Le meilleur jour pour la naissance d'une jeune fille, c'est le Dimanche. Elle sera de petite taille, belle, aux yeux doux, jolie, intelligente, circonspecte, gaie en toutes circonstances. Elle aura des lèvres de cerise ; elle sera éloignée de ses parents et de ses amis ; elle mourra d'une maladie de cœur loin de son pays natal.

Le mariage lui sourira ; elle en sera trop réjouie ; sa joie ne sera pas de longue durée. Elle deviendra veuve peu d'années après son mariage, ou elle sera abandonnée par son mari.

Elle aura la petite vérole et sera brûlée par le feu. Qu'elle se garde bien d'une femme méchante qui la poursuivra sans relâche ; elle versera bien des larmes sur un de ses enfants ; elle sera la mère des pauvres. Qu'elle prenne garde aux esprits malins — *démons,* — qu'elle porte l'image de la Croix pour se préserver des maux. Elle sera très empressée dans ses affaires et fera un mariage d'amour. Elle sera très colère ; elle aura des grains de beauté sur le cou, l'épaule et les parties honteuses.

Elle tombera malade quand elle aura 2, 5, 9, 15, 29, 39, 52, 65 ans ; si elle guérit, elle vivra jusqu'à sa 92ᵉ année.

Pendant sa maladie, elle se fera dire une messe au nom de saint Georges, de sainte Vendredi, et se frottera avec l'huile de la lampe de ces saints pour recouvrer la santé.

Décembre

Le 11 de ce mois commence la constellation du Capricorne. Le meilleur jour d'un garçon qui vient au monde sous cette constellation, c'est le Samedi.

Qu'il prenne garde au 3ᵉ jour du mois lunaire, parce qu'il lui arrivera du malheur de la part d'un homme ; qu'il n'aille pas subitement au tribunal ; s'il y va, qu'il soit circonspect. Il sera doux ; ses ennemis deviendront ses amis. Qu'il prenne garde à un endroit élevé, et qu'il porte en garde la parole du bon Dieu.

Le bon Dieu et saint Jean-Baptiste lui viendront en aide en reconnaissance des bénédictions qu'il répandra. Il subira des pertes et dommages dans le commerce ; il épousera une excellente femme.

Il aimera la poésie, les chansons, la danse, les jeux. Par intervalles, il aura des douleurs à la tête, aux mains et aux genoux. Qu'il porte des habits rouges ; qu'il prenne garde au feu ; qu'il ne sorte pas la nuit jusqu'à sa 24e année. Toutes les affaires qu'il entreprendra après sa 24e année auront un caractère différent.

Il sera libertin, sa figure sera toujours jeune ; il aura du penchant à la colère ; il ira à l'étranger ; il remplira de grandes fonctions ; il sera heureux. Peut-être trahira-t-il. Il sera apte à tous les arts ; il aura des maux de dents dont il sera débarrassé après sa 40e année. Il sera flatteur ; il donnera de bons conseils. Qu'il prenne garde au poison. Il aura des grains de beauté sur le cou, le visage et les parties honteuses.

Il sera malade quand il aura 15, 19, 25, 28, 35, 57 ans. S'il guérit, il vivra jusqu'à sa 85e année.

Durant sa maladie, il fera dire une messe au nom de saint Jean-Baptiste, de saint Elisée, de saint Zacharie et de saint Etienne, premier martyr. Il se frottera avec l'huile de leurs lampes pour recouvrer la santé.

Naissance d'une fille.

Le meilleur jour de naissance d'une jeune fille sous la constellation du Capricorne est encore le Samedi.

Elle accouchera de beaucoup d'enfants ; elle aura le teint blanc, un cœur méchant ; elle vivra long-temps ; elle acquerra beaucoup de biens ; elle sera reconnaissante envers Dieu, miséricordieuse, ser-viable pour tous ; elle possédera de grandes dignités.

Qu'elle se garde du tonnerre, de l'éclair ; elle courra un grand danger dans un de ses accou-chements. Qu'elle offre un sacrifice à Dieu pour s'en délivrer. Elle souffrira beaucoup de ses enfants quand elle sera veuve ; elle aura des dou-leurs à la tête, à la poitrine, au cœur ; elle en souffrira beaucoup et sera brûlée par le feu ; elle aura des grains de beauté sur le cou et le visage.

Elle tombera malade quand elle aura 5, 7, 15, 23, 25, 26, 31, 55, 66 ans. Si elle guérit, elle vivra jusqu'à sa 83e année.

Durant sa maladie, elle se fera dire une messe au nom de saint Nicolas, des saintes Elisabeth et Vendredi, et elle se frottera de l'huile de leurs lampes pour recouvrer la santé.

JANVIER

Le 10 de ce mois commence la constellation du Verseau. Le meilleur jour pour la naissance d'un enfant sous cette constellation, c'est le Vendredi.

Qu'il prenne garde au 6 du mois lunaire ; qu'il soit circonspect quand il ira au tribunal. Il sera empressé dans ses affaires, pieux et intelligent. Qu'il prenne garde au froid. S'il prête de l'argent, il en perdra. Qu'il ne se promène pas seul la nuit. Il mourra un jour de dimanche. Il sera honoré de tous, grâce à sa constellation ; il sera fou des femmes, capricieux ; il épousera une jeune fille. Qu'il ne mange pas de figues ni de cerf. Il aura des douleurs à la tête et aux yeux ; il fera du mal à ses parents ; il sera malheureux, orphelin, très appliqué aux études ; il aura de l'intelligence, mal aux dents.

Il abandonnera sa première femme, en épousera une autre. Il aura des enfants bien élevés ; il en perdra deux. Qu'il n'aille pas au tribunal, il y perdra beaucoup de choses. Il poursuivra les femmes. Il ira à l'étranger et sera malade en route, mais Dieu le préservera. Sa femme lui sera fidèle. Il aura des signes au cou, aux genoux, et sera mordu par un animal.

Il sera malade quand il aura 2, 6, 12, 17, 26, 32, 42, 58 ans ; s'il guérit, il vivra jusqu'à sa 92e année.

Pendant sa maladie, il se fera dire une messe au nom de saint Démétrius et de saint Nicolas ; il fera un mélange de fleurs de παρθενοῦος et de graines de laurier, et s'en frottera pour regagner la santé.

Naissance d'une fille.

Le meilleur jour pour la naissance d'une jeune fille sous la constellation du Verseau, c'est le Vendredi.

Elle sera belle de visage, blonde, douée de dons divins, aimée des hommes ; elle vivra long-temps ; elle jouira de ses enfants ; elle sera triste, bien des femmes la poursuivront pour obtenir son amitié.

Qu'elle ne mange pas de cerf. Elle fera des rêves, mais qu'elle n'en ait point peur. Elle fera des offrandes à l'image de Jésus-Christ notre Rédempteur. Son rêve se changera en bien. Elle perdra son lait à cause du mauvais œil. Qu'elle ne travaille point le jour du Dimanche. Sa mort sera paisible. Qu'elle prenne garde au feu. Son premier mari mourra ou l'abandonnera. Elle courra de grands dangers lors de ses accouchements. Elle sera fort gênée à l'accouchement d'un enfant. Elle recherchera une femme imbécile. Elle aura des douleurs d'yeux et de dents.

Qu'elle ne se promène pas seule la nuit. Qu'elle prenne garde au tonnerre, à la tempête. Elle aura des grains de beauté au cou et aux parties honteuses. Elle s'éloignera de son pays ; mais elle finira par y retourner.

Elle tombera malade quand elle aura 3, 5, 9, 13, 27, 32, 42 ans ; si elle guérit, elle vivra jusqu'à sa 80e année.

Pendant ces maladies, elle fera dire une messe au nom de saint Nicolas et de sainte Anastasie.

Elle fera un mélange de suif de bœuf et de graines de laurier, et s'en frottera pour regagner la santé.

Février

Le 9 de ce mois commence la constellation du Poisson. Le meilleur jour de naissance d'un garçon sous cette constellation, c'est le Jeudi.

Il doit être circonspect quand il ira au tribunal, et ne pas boire d'eau la nuit. Il acquerra beaucoup de biens ; il sera entêté, opiniâtre, peureux, violent, grand flatteur, intelligent, affable ; s'il fréquente l'école, il apprendra facilement ses leçons. Quelques-uns de ses enfants deviendront prêtres ; s'il se marie, sa femme mourra ou l'abandonnera. Il sera veuf.

Il sera contraint de jurer ; il sera hospitalier ; il ira à l'étranger et ne retournera pas dans son pays. Il aura de la gaieté, une vie longue. Il sera reconnaissant envers Dieu. Il vivra au jour le jour. Il aura un visage rond.

Qu'il ne communique à personne son secret. S'il prête de l'argent, il en perdra. Il sera blessé par ses amis et mordu par les chiens. Il reniera ses proches parents et ses amis.

Il contractera des maladies du corps et du cœur. Il aura une grande maladie, mais le bon Dieu l'en gardera. Le cou lui occasionnera un grand danger. Il aura des grains de beauté au cou.

Il tombera malade quand il aura 6, 11, 15, 23, 30, 42 ans ; s'il guérit, il vivra jusqu'à sa 85e année.

Pendant sa maladie, il se fera dire une messe au nom de saint Nicolas et de saint Théodore pour recouvrer la santé.

Naissance d'une fille.

Le meilleur jour de naissance d'une jeune fille sous la constellation du Poisson, c'est le Jeudi.

Qu'elle ne boive pas d'eau la nuit. Elle sera grasse, belle, aimée de beaucoup de personnes. Elle aura la tête petite, les yeux ronds et doux.

Elle sera très instruite, empressée dans ses affaires ; elle aimera à dire la vérité ; elle sera un peu opiniâtre ; elle donnera de bons conseils aux femmes. Une femme la recherchera.

Elle fera un mariage d'amour. Elle aura de la jalousie contre son mari dans la crainte qu'il ne fasse la cour à d'autres femmes. Elle aura des enfants bien élevés. Elle acquerra beaucoup de richesses. L'eau lui occasionnera un grand danger. Elle aura mal à la tête et aux dents.

Elle tombera malade quand elle aura 2, 5, 9, 11, 21, 31, 40 ans. Si elle guérit, elle vivra plus de 86 ans.

Pendant sa maladie, elle se fera dire une messe au nom de saint Jean-Baptiste et de saint Siméon, et elle recouvrera la santé.

MARS

Le 11 de ce mois commence la constellation du Bélier. Le meilleur jour de naissance d'un garçon sous cette constellation, c'est le Mardi.

Il sera timide, intelligent, heureux, aimé de tous, lent dans le commerce, mais empressé à tenir sa parole. Il aura des grains de beauté au cou, aux bras, aux parties honteuses. Beaucoup de ces personnes deviennent prêtres. Il sera blessé à la tête ; il tombera du haut d'un arbre. Il aura mal aux yeux. Il sera un peu vantard et violent.

Qu'il ne communique à personne ses secrets. Il recevra la bénédiction de ses parents. Il fera un mariage d'amour: Il sera tout dévoué à ses amis. Etant simple, il perdra sa cause dans un débat, mais Dieu sera avec lui. Il subira des pertes et dommages en animaux ; il sera très prompt à la course ; il jouira d'une excellente santé. Il aura le cou long, sera bon conseiller, sincère dans sa parole, aimé de tous grâce à sa constellation. Qu'il ne communique ses rêves à personne ; il fera des voyages sur mer ; il gagnera des biens considérables dans le commerce. Les brigands lui feront courir de grands dangers ; on le mandera au tribunal ; on le mettra en prison. Qu'il ne s'endorme pas dans le vignoble : ce serait pour lui grand dommage. Il aura des douleurs dans les parties honteuses. Il ira à l'étranger et en reviendra. Qu'il porte au doigt une bague en argent.

Il tombera malade quand il aura 6, 12, 20, 25, 30, 42, 55 ans. S'il guérit, il vivra jusqu'à sa 95e année.

Durant sa maladie, il fera dire une messe au nom de Notre-Dame, de saint Jean-Baptiste et de saint Etienne, et se frottera avec l'huile de leurs lampes pour regagner la santé.

Naissance d'une fille.

Le meilleur jour de naissance d'une jeune fille sous la constellation du Bélier, c'est le Mardi.

Elle sera blonde, intelligente, paisible ; elle aura des signes au côté droit et aux parties honteuses ; elle aimera à faire l'aumône. Si elle dépasse sa 18e année, elle aura une vie très longue.

Elle abandonnera son mari et en épousera un autre ; elle en sera réjouie et en remerciera Dieu ; mais elle finira par la tristesse. Elle sera pieuse, ses souhaits seront exaucés par Dieu ; elle sera heureuse et tous ses désirs iront à souhait.

Tout le monde l'aimera ; elle sera calomniée par une femme méchante ; elle fera supporter bien des amertumes à son entourage lors de ses accouchements. Le mauvais-œil lui fera perdre son lait. Beaucoup de personnes la jalouseront ;

elle ne sera pas agréable envers son beau-père et sa belle-mère.

Qu'elle porte la parole de Dieu ; qu'elle ne travaille pas le dimanche ni le vendredi ; qu'elle ne communique ses secrets à personne ; qu'elle prenne garde à une certaine femme ; qu'elle ne cesse point d'espérer en Dieu ; qu'elle prenne garde à sa 32e année.

Elle sera très aimée d'une personne étrangère ; elle aura des grains de beauté au cou, au visage et à la poitrine.

Elle tombera malade quand elle aura 3, 7, 12, 21, 32, 46, 55 ans. Si elle guérit, elle vivra jusqu'à sa 70e année. Pendant sa maladie, elle fera dire une messe au nom de Notre-Dame, de sainte Vendredi, prendra le lait d'une femme nouvellement accouchée d'un garçon à sa première couche, en fera un mélange avec du suif de mouton et s'en frottera pour recouvrer la santé.

AVRIL

Le 12 de ce mois commence la constellation

du Taureau. Le meilleur jour de naissance d'un garçon sous cette constellation, c'est le Jeudi.

Il sera plaisant, intelligent ; il gagnera sa vie à la sueur de son front ; il n'aimera pas l'injustice ; il sera mécontent de ses frères, heureux dans le commerce ; il se mariera ; sa mort sera occa- sionnée par une pierre. Qu'il prenne garde au 4e jour du mois lunaire et qu'il soit circonspect ce jour-là devant le tribunal.

Il sera corpulent ; il aura les mains longues, les yeux larges, les sourcils longs ; il sera gai, robuste, Dieu l'assistera dans toutes ses entreprises ; il fera du bien à plusieurs personnes qui ne lui en auront point de gratitude. Des personnes le pour- suivront pour lui faire du mal ; il perdra l'argent qu'il aura prêté. Qu'il ne fréquente pas les tri- bunaux. Il tombera entre les mains de gens d'autres nations qui le traiteront durement. Il sera promptement délivré par la grâce de Dieu et le Seigneur lui procurera beaucoup de biens. Il sera nommé juge aux tribunaux. A 35 ans, une méchante femme lui causera beaucoup d'ennuis et de dangers.

Il aura le front large, le visage long 'e copis

mince, il sera fou des femmes et jaloux ; il
sera surpris en flagrant délit et déshonoré pour
ses relations immorales avec les femmes ; il aura
de l'aptitude dans tous les arts.

Qu'il prenne garde à un endroit élevé, aux
animaux, à la course, à la lutte ; il sera blessé par
le couteau ; il ira à l'étranger, sera trop dévoué
à ses amis, un peu colère pour ses gens ; il aura
des douleurs aux pieds, des grains de beauté au
cou et au visage.

Il sera malade quand il aura 4, 8, 12, 22, 30,
40, 56 ans. S'il guérit, il vivra jusqu'à sa 90e
année.

Pendant sa maladie, il doit se faire dire une
messe au nom de saint Georges et de sainte
Vendredi, faire brûler la corne d'un bœuf, en
mélanger la cendre avec l'huile de la lampe de
ces saints et se frotter pour regagner la santé.

Naissance d'une fille.

Le meilleur jour de naissance d'une jeune fille
sous la constellation du Taureau, c'est le jeudi.

Elle sera jolie, affable ; elle aura les yeux gros

et grands, le front large, les sourcils faits au moule ; elle sera un peu jalouse ; elle sera atteinte de phtisie, apte à tout, séparée de ses parents, mais elle reviendra chez eux ; la mer lui causera des dangers ; elle deviendra riche ; elle aimera beaucoup ses frères. Qu'elle ne travaille pas le vendredi ; qu'elle ne communique ses secrets ni même ses rêves à personne ; elle aura des grains de beauté au visage, sera économe, intelligente, craignant Dieu, honnête, aimée de beaucoup d'hommes ; elle épousera un second mari et passera avec lui des jours agréables.

On la calomniera, mais on finira par apprendre son innocence ; elle sera peu assistée de ses enfants ; elle avortera d'un enfant. Qu'elle prenne garde à une personne au front marqué ; une femme aura l'intention de lui faire du mal ; elle sera attristée dans ses couches ; elle aura des maux aux dents, des signes au visage.

Elle tombera malade quand elle aura 3, 5, 12, 19, 22, 32, 40 ans. Si elle guérit, elle vivra jusqu'à sa 70e année.

Pendant sa maladie, elle prendra du suif de bœuf noir et l'huile des lampes de Notre-Dame, de saint Constantin, de sainte Hélène, et s'en frottera pour regagner la santé.

MAI

Le 11 de ce mois commence la constellation des Gémeaux. Le meilleur jour de naissance d'un garçon sous cette constellation, c'est le Mercredi.

Qu'il prenne garde au 2e jour du mois lunaire ; qu'il soit circonspect au tribunal. Il aura des yeux petits, la poitrine large et belle, le langage doux ; il sera orgueilleux, aimera à donner des aumônes ; il sera colère, fou du beau sexe, opiniâtre, aimé de beaucoup de femmes, éloigné de ses amis et de ses parents, mais il les retrouvera.

Il aura des jours fort heureux ; il sera honoré par les grands ; le couteau et un endroit élevé lui occasionneront des dangers. Il sera injuste, esclave de son corps ; il prendra au pied de la lettre tout ce qu'on lui dira ; il aura la direction de beaucoup d'affaires. S'il achète des moutons, il en subira des pertes et dommages. La conduite de sa femme scandalisera bien des personnes. Ses premiers enfants lui causeront de l'affliction. Il deviendra veuf. Qu'il ne communique à personne ses secrets ; qu'il ne travaille pas le vendredi. Il sera violent, colère envers ses proches parents, affable pour les étrangers ; il aura des douleurs à la tête et aux yeux. S'il prête de l'argent, il en perdra. Il aura des signes à la poitrine.

Il tombera malade quand il aura 5, 8, 10, 15, 25, 32, 42 ans. S'il guérit, il vivra jusqu'à sa 80e année.

Pendant sa maladie, il se fera dire une messe au nom de Notre-Dame et de saint Athanase, il fera un mélange de muscade et d'huile de la lampe des saints ci-dessus, et s'en frottera pour recouvrer la santé.

Naissance d'une fille.

Le meilleur jour pour la naissance d'une jeune fille sous la constellation des Gémeaux, c'est le Jeudi. Elle sera ronde de visage, large de poitrine, fidèle, orgueilleuse, colère, hospitalière, aimée de tout le monde, douée de dons divins. Qu'elle ne mange pas d'oignons.

Elle aimera un homme qu'elle n'épousera pas.

Elle en épousera un autre. Elle deviendra veuve ; elle se remariera ; elle aura des enfants bien élevés. Qu'elle prenne garde à un fleuve. Elle gagnera beaucoup de biens, en sera reconnaissante à Dieu ; une femme de mauvaise conduite la poursuivra pour lui faire du mal ; qu'elle y prenne garde. Elle n'héritera rien de ses parents ; elle aura beaucoup de biens gagnés hors de sa famille. Elle aura des signes à la poitrine et au visage ; elle contractera des douleurs dans les parties honteuses par suite de ses couches ; elle aura mal aux seins ; elle tombera malade lors de ses couches.

Elle sera malade quand elle aura 3, 9, 12, 25, 33, 40 ans. Si elle guérit, elle vivra jusqu'à sa 80e année.

Pendant sa maladie, elle se fera dire une messe au nom de Notre-Dame et de sainte Vendredi, et se frottera de l'huile de leurs lampes afin de regagner la santé.

JUIN

Le 11 de ce mois commence la constellation

de l'Ecrevisse. Le meilleur jour de naissance d'un garçon sous cette constellation, c'est le Vendredi.
Il doit être circonspect quand il va au tribunal. Qu'il se serve pour arme de la parole de Dieu. Il sera heureux dans sa jeunesse ; il aimera à offrir des aumônes ; il sera très dévoué pour ses amis, miséricordieux, juste, travailleur ; il aura la figure vieille et sera blond, taciturne, prompt à la course ; il aura les yeux petits, sera bavard et passera la plus grande partie de sa jeunesse à s'affliger jusqu'à sa 33e année.

Il sera alors nommé à une fonction ; il vivra en bonne relation avec ses proches parents, ne sera point oublieux ; il sera affable, honoré de beaucoup de personnes, nommé directeur de bien des affaires ; il en sera fort réjoui et reconnaissant envers Dieu. Il sera blessé à la main et au visage ; il aura mal aux yeux ; il sera prisonnier, esclave ; mais le bon Dieu le délivrera de l'esclavage.

Il sera colère envers son enfant ; il en sera triste ; il aura des grains de beauté au cou ; on le surprendra en mauvaises relations avec une femme, il en sera déshonoré ; s'il s'éloigne de son pays, il prendra un refroidissement ; il aura des engelures aux pieds.

Il tombera malade quand il aura 4, 9, 13, 24, 32 ans. S'il guérit, il vivra jusqu'à sa 82e année.

Durant sa maladie, il doit se faire dire une messe au nom de saint Jean-Baptiste, des saints apôtres Pierre et Paul, se frotter d'huile de leur lampe afin de regagner la santé.

Naissance d'une fille.

Le meilleur jour de naissance d'une jeune fille sous la constellation de l'Ecrevisse, c'est le Mercredi.

Elle sera excessivement intelligente, heureuse, pieuse, charitable, aimant à dire la vérité ; Dieu lui procurera des biens considérables ; elle aura un bon mari, des enfants bien élevés ; elle avortera d'un enfant. Elle aura le corps fort, blanc ; qu'elle ne travaille ni le dimanche, ni le vendredi. Elle aura beaucoup de prétendants ; elle sera calomniée par une femme ; elle abandonnera son premier mari, ou celui-ci mourra ; elle se remariera. Elle n'aura d'héritage ni de ses parents

ni de ses frères; elle aura des grains de beauté
au cou, mal aux genoux et sera fort colère.

Elle tombera malade quand elle aura 2, 5, 9,
19, 22, 39 ans. Si elle guérit, elle vivra jusqu'à
sa 83e année. Elle mourra un samedi.

Durant sa maladie, elle se fera dire une messe
au nom de Notre-Dame, de saint Jean-Baptiste
et de la Sainte-Résurrection; elle se frottera avec
l'huile de leur lampe afin de recouvrer la santé.

JUILLET

Le 12 de ce mois commence la constellation
du Lion. Le meilleur jour de naissance d'un
garçon sous cette constellation, c'est le Vendredi.

Quand il ira au tribunal, qu'il soit circonspect.
Il sera hardi, de taille élevée; il aura de gros
pieds, la poitrine large comme aussi le front; il
sera jaloux, honoré, assez gros.

Il aimera s'imposer; il sera opiniâtre, avare,
plus soigneux de ses affaires que de ses frères.
Qu'il porte au doigt un anneau vert. Il souffrira
beaucoup jusqu'à sa 40e année, puis il deviendra

riche ; il s'en réjouira. Il perdra son argent s'il en prête.

Il sera excessivement dévoué à ses amis qui ne lui rendront aucun service. Il s'en prendra à ses amis, ses proches parents, et sera vaincu. Ayant honte de la victoire de ses amis, il sera obligé d'aller à l'étranger, mais il en reviendra. Il ira en prison. Après sa mise en liberté, il jouira de beaucoup de biens. Qu'il ne se promène pas seul la nuit hors de sa maison. Il aura des enfants bien élevés. Qu'il ne communique à personne ses rêves. Il aura mal à 'a tête et aux dents. Son sort est dans un pays éloigné.

Il sera malade quand il aura 2, 5, 12, 22, 30, 40, 58, 70 ans. S'il guérit, il vivra jusqu'à sa 83e année.

Durant sa maladie il doit se faire dire une messe au nom de saint Jean-Baptiste, de saint Elie, et se frotter avec l'huile de leur lampe afin de recouvrer la santé.

Naissance d'une fille.

Le meilleur jour pour la naissance d'une jeune fille sous la constellation du Lion, c'est le Mardi.

Elle sera belle, affable, convenable, brune aux yeux noirs, assez grosse de visage, maigre de corps, folle de sa toilette, espérant en Dieu. Le pain quotidien ne lui fera pas défaut. Elle aura mal à la tête, à la poitrine.

Une femme la poursuivra et finira par la faire divorcer. Elle aura des enfants bien élevés, des afflictions pour un de ses enfants ; elle sera en bonne intelligence avec ses parents, mécontente de son beau-père. Qu'elle ne boive pas d'eau pendant la nuit ; qu'elle ne mange pas de crabes; qu'elle prenne garde entre neuf heures et le lever du soleil ; qu'elle ne travaille pas durant ce temps. Après ses couches, elle perdra son lait ; elle aura des douleurs aux seins.

Elle tombera malade quand elle aura 5, 12, 17, 19, 22, 30, 40, 58 ans. Si elle guérit, elle vivra jusqu'à sa 80e année.

Lors de sa maladie, elle doit se faire dire une messe au nom de Notre-Dame et de saint Nicolas et se frotter avec l'huile de leur lampe afin de regagner la santé.

AOUT

Le 13 de ce mois commence la constellation de la Vierge. Le meilleur jour de naissance d'un garçon sous cette constellation, c'est le Lundi.

Qu'il prenne garde à un individu mâle le 3 du mois lunaire ; qu'il soit circonspect au tribunal ; qu'il porte au doigt une bague d'argent. Il sera sec, vil de corps ; mais obéissant, bon, charitable, fidèle à sa femme, opiniâtre, heureux en commerce ; il aimera beaucoup parler ; il gagnera des biens considérables ; il héritera.

Il voyagera beaucoup ; il ne sera pas vindicatif; il souffrira bien des inquiétudes. Il sera sympathique, colère ; il aimera une femme, mais il ne l'épousera pas. Il sera poursuivi par un animal. Il fera beaucoup d'entreprises heureuses ; il fréquentera la cour du roi; il aura des grains de beauté au cou et au visage.

Il tombera malade quand il aura 6, 9, 16, 22, 28, 76 ans. S'il guérit, il vivra jusqu'à sa 85e année.

Lors de sa maladie, il doit se faire dire une

messe au nom de Notre-Dame et de saint Basile, se frotter de l'huile de leur lampe afin de recouvrer la santé.

Naissance d'une fille.

Le meilleur jour de naissance d'une jeune fille sous la constellation de la Vierge, c'est le Mardi.

Elle sera noble, mince, élégante, grande de taille, aux yeux noirs, intelligente, bonne, fidèle, ayant au cœur la crainte de Dieu, fidèle à son mari qui sera hospitalier ; elle aimera à causer ; elle sera opiniâtre, aimant ses parents ; elle aura leur bénédiction ; elle gagnera des biens hors de sa famille et en sera réjouie. Elle ne sera pas vindicative ; elle sera aimée de ses enfants ; elle subira des pertes et dommages de la part d'une femme. Qu'elle porte sur elle les exorcismes de saint Basile comme talisman ; qu'elle prenne garde aux arbres ; elle aura des grains de beauté au visage, à la poitrine.

Elle tombera malade quand elle aura 2, 5, 9, 15, 25, 42, 75, 85 ans. Si elle guérit, elle vivra jusqu'à sa 90e année.

Pendant sa maladie, elle doit se faire dire une

messe au nom de Notre-Dame, des Trois Hié-
rarches : saint Basile, saint Jean Chrysostôme et
saint Grégoire, et se frotter de l'huile de leur
lampe, afin de recouvrer la santé.

XII

LE LIVRE DES GRAINS DE BEAUTÉ

**Sur les grains de beauté
qui se trouvent sur le corps humain, ce qu'ils signifient**

D'APRÈS LÉON LE SAGE

Si le grain de beauté se trouve sur le front, on sera nommé surveillant de beaucoup de choses de charité.

S'il se trouve sur les sourcils : si c'est un homme, il épousera une femme riche ; si c'est une femme, elle épousera un homme riche.

S'il se trouve sur le nez, les parties honteuses, on sera fou des femmes.

S'il se trouve sur les ailes du nez, on voyagera de village en village.

S'il se trouve sur la joue, on sera riche.

S'il se trouve sous le menton, on apprendra très facilement les lettres, on aura de grandes capacités pour s'instruire.

S'il se trouve sur la langue, on épousera une femme riche.

S'il se trouve sur les lèvres, on sera gourmand.

S'il se trouve sur le menton, on sera riche.

S'il se trouve sur les oreilles, on deviendra digne de hautes fonctions et de grandes dignités.

S'il se trouve sur la gorge, on sera très riche.

S'il se trouve sur le cou, on sera décapité.

S'il se trouve sur le cou et l'épaule, on sera sain, robuste, on évitera la mort violente.

S'il se trouve sous les aisselles, on épousera une femme riche.

S'il se trouve sur la main, on deviendra adroit et l'on pourra exercer toutes sortes de métiers.

S'il se trouve sur la poitrine, on sera pauvre et misérable.

XIII

LE LIVRE DES JOURS NÉFASTES

D'APRÈS DANIEL LE PROPHÈTE

Pendant les jours néfastes, il ne faut rien entreprendre. Il faut se garder de voyager, de faire le commerce, d'aller à la guerre ; on ne réussira dans aucune entreprise.

TABLEAU DES JOURS NÉFASTES

Septembre	1	4	8	9	»	23
Octobre.	3	5	7	»	»	23
Novembre	1	6	11	21	»	25
Décembre.	1	3	6	14	21	25
Janvier.	2	4	6	14	21	27
Février.	6	11	14	16	»	27
Mars	4	»	19	»	»	22
Avril.	6	8	19	25	»	30
Mai.	1	6	7	8	19	25
Juin.	3	6	9	12	18	25
Juillet.	3	6	8	16	20	22
Août	2	4	10	15	19	22

XIV

LE LIVRE DES AUGURES

Sur les jours de bon ou de mauvais augure suivant le quantième
du mois lunaire

D'APRÈS DANIEL LE PROPHÈTE

Le 1er jour du mois lunaire, Adam a été créé par Dieu. — C'est un jour de bon augure pour entreprendre toutes les affaires, et pour le commerce. — L'enfant qui naît en ce jour devient sage, lettré ; il est heureux même sur la mer.

Le 2. — Ève a été tirée du côté d'Adam. — C'est un jour de bon augure pour le mariage. Le malade retrouve la santé. L'enfant qui naît en ce jour devient riche.

Le 3. — Caïn est né en ce jour. — On se gardera de toutes entreprises, car c'est le jour de la malédiction divine. Le malade ne guérit pas. Celui qui s'enfuit (s'exile) ne revient pas. L'enfant qui naît devient assassin.

Le 4. — Abel est né en ce jour. — C'est un jour de bon augure pour toutes choses. L'enfant qui naît devient bon.

Le 5. — Sacrifice de Caïn au Seigneur. — Se garder de toutes choses.

Le 6. — Naissance de Nemrod. — Jour de bon augure pour toutes choses.

Le 7. — Assassinat d'Abel. — Jour de mauvais augure. Se garder de toutes choses.

Le 8. — Naissance de Mathousalas (Mathusalem?). — Tout est de bon augure. L'enfant qui naît sera bon.

Le 9. — Naissance de Lamech. — Se garder de certaines entreprises. Être prudent.

Le 10. — Naissance de Noë. — Jour de bon augure. L'enfant qui vient au monde sera heureux.

Le 11. — Naissance de Sem. — Tout est de bon augure.

Le 12. — Naissance de Ham (Cham?). — Tout est de bon augure.

Le 13. — Naissance d'Edom. — Planter la vigne et les arbres.

Le 14. — On peut entreprendre tout ce que l'on veut.

Le 15. — Jour de la confusion des langues à Babel. — Il faut se tenir assis dans un endroit frais, boire du vin en abondance, ne faire que boire. L'enfant qui naît apprendra beaucoup de langues.

Le 16. — Destruction de Sodome et de Gomorrhe. — On doit se garder de toutes choses. Le malade ne guérira pas. L'enfant qui vient au monde sera peureux ; on le détestera.

Le 17. — Être prudent. Se garder un peu de toutes choses.

Le 18. — Naissance d'Isaac. — Jour de bon augure pour toutes choses. L'enfant qui naît sera lettré, heureux en tout.

Le 19. — Naissance d'Esaü. — Surveiller l'enfant qui vient au monde en ce jour, car il serait mauvais et détestable.

Le 20. — Naissance de Jacob. — Toutes les entreprises sont bénies. L'enfant qui naît sera heureux.

Le 21. — Éloignement d'Isaac de la maison paternelle. — Se garder prudemment de toutes choses. L'enfant qui naît sera détestable.

Le 22. — Naissance de Joseph. — Jour de bon augure pour toutes choses.

Le 23. — Naissance de Pharaon. — Se garder de toutes choses. L'enfant qui naît mourra par l'eau ou par l'épée.

Le 24. — Naissance de Véniamin (?) Benjamin. — On peut commencer toutes sortes d'entreprises. L'enfant qui naît sera lettré.

Le 25. — Les dix Plaies sur Pharaon. — Surveiller ses affaires. L'enfant qui naît deviendra chauve.

Le 26. — Pharaon englouti par la mer Rouge. — Le malade ne guérit pas. L'enfant qui naît en ce jour se noiera dans la mer.

Le 27. — Pluie de manne chez les Hébreux. — Jour de bon augure. L'enfant qui naît devient le primat de son pays jusqu'à sa mort.

Le 28. — Espions envoyés par Josué dans le lieu dit : *Apangélia*. — Jour de mauvais augure. Se garder de tout, particulièrement du tribunal.

Le 29. — Commandements de Dieu donnés aux Hébreux. — Jour de bon augure.

Le 30. — Naissance de Samuel. — Jour de bon augure pour toutes choses. L'enfant qui naît en ce dernier jour du mois lunaire, sera doux, paisible, instruit.

XV

LE LIVRE DE L'ARC-EN-CIEL

Sur l'Arc-en-Ciel, et ce que signifie l'Arc-en-Ciel
quand il paraît

D'APRÈS L'EMPEREUR LÉON LE SAGE

Mars. — Si l'arc-en-ciel paraît pendant ce mois, il y aura de la pluie ; les produits de la terre seront à bon marché.

Avril. — Si l'arc-en-ciel paraît pendant ce mois, il y aura des pertes chez les hommes, des maux de tête chez les femmes.

Mai. — Si l'arc-en-ciel paraît pendant ce mois, il fera beau, il y aura santé et bonheur.

Juin. — Si l'arc-en-ciel paraît pendant ce mois, il y aura des maladies, des pertes de bœufs et d'autres animaux.

Juillet. — Si l'arc-en-ciel paraît pendant ce mois, il y aura santé en Orient, guerre en Occident. Si une certaine étoile se montre le jour pendant ce mois, il y aura des pertes, des destructions chez les grands.

Août. — Si l'arc-en-ciel paraît pendant ce mois, il y aura au Nord bien des dissensions, de l'envie et de la jalousie parmi les hommes, des pertes et des carnages.

Septembre. — Si l'arc-en-ciel paraît pendant ce mois, les hommes s'entre-détruiront.

Octobre. — Si l'arc-en-ciel paraît pendant ce mois, durant trois ans, il y aura des maladies mortelles chez les petits et chez les grands.

Novembre. — Si l'arc-en-ciel paraît pendant ce mois, il y aura des causes de danger; un certain roi mourra.

Décembre. — Si l'arc-en-ciel paraît pendant ce mois, il y aura guerre et beaucoup de sang versé; les hommes s'entre-détruiront.

Janvier. — Si l'arc-en-ciel paraît pendant ce mois, un certain roi sera trahi par son entourage; il capitulera et se rendra aux traîtres.

Février. — Si l'arc-en-ciel paraît pendant ce mois vers l'Orient, il y aura sur la terre une grande abondance, accompagnée de paix, de bénédictions et de richesses.

XVI

LE LIVRE DU DRAGON

Sur l'étoile dite Dragon, ses vertus

D'APRÈS ARISTOTE

(Il est recommandé de mettre beaucoup d'attention à l'observation.)

L'étoile du Dragon se trouve au neuvième étage du ciel ; elle a quatre vertus :

1º Si cette étoile a la bouche béante, c'est un signe de maladies mortelles par toute la terre ;

2º Si cette étoile agite sa langue, c'est un signe de mauvaises guerres ; du sang sera versé par l'épée ;

3º Si cette étoile secoue ses reins, il y aura de grandes disettes, famines et maladies chez les hommes ;

4º Si elle agite sa queue, il y aura aussi disettes, famines et maladies chez les hommes.

Sur la manière de reconnaître dans quelle vertu
se trouve l'Étoile du Dragon.

Il faut savoir qu'il y a quatre constellations de même nature et de même but : l'*Ecrevisse,* le *Lion,* le *Scorpion* et le *Capricorne.*

On regarde sur quelle constellation se trouve la Lune le 14 mars.

1º Si la Lune se trouve sur l'Ecrevisse, le Dragon a la bouche béante ; il y aura des maladies mortelles sur la terre ;

2º Si la Lune se trouve sur le Lion, le Dragon agite sa langue ; il y aura de grandes guerres ; l'épée portera la destruction ;

3º Si la Lune se trouve sur le Scorpion, le Dragon agite sa queue ; il y aura des épidémies et la peste ;

4º Si la Lune se trouve sur le Capricorne, le Dragon agite ses reins ; il y aura des maladies, des famines et disettes.

Sur les huit vents sur lesquels se promène le Dragon.

Il faut savoir que le Dragon se promène sur

6

les huit vents principaux du 1ᵉʳ au 30 du mois
lunaire, et que le Dragon dirige ces éléments ;

1. — Le premier vent est du Levant (Bagdad);

2. — Le second est du Sud-Est (Arabie);

3. — Le troisième est du Sud (Antioche);

4. — Le quatrième est du Sud-Ouest (Morée);

5. — Le cinquième est de l'Ouest (Roumélie);

6. — Le sixième est du Nord-Ouest (Bosna);

7. — Le septième est du Nord (Valachie);

8. — Le huitième est du Nord-Est (Hongrie).

Le Dragon fait trois fois le tour du ciel jusqu'à
la fin du mois lunaire; il commence par le vent
du Levant et se repose sur le vent du Nord-
Est.

Quand on veut faire un voyage par voie de
mer, on doit consulter ce tableau :

Le 1-11-21. Le Dragon se trouve sur la mer
au Levant; on se gardera d'aller à Bagdad.

Le 2-12-22. Le Dragon se trouve au Sud-Est;
on se gardera d'aller en Arabie.

Le 3-13-23. Le Dragon se trouve au Sud; on
se gardera d'aller à Antioche.

Le 4-14-24. Le Dragon se trouve au Sud-
Ouest; on se gardera d'aller en Morée.

Le 5-15-25. Le Dragon se trouve à l'Ouest ; on ira en Roumélie.

Le 6-16-26. Le Dragon se trouve au Nord-Ouest ; on ira à Bosna.

Le 7-17-27. Le Dragon se trouve au Nord ; on ira en Valachie.

Le 8-18-28. Le Dragon se trouve au Nord-Est ; on ira en Hongrie.

Le 9-19-29. Le Dragon se trouve au milieu du ciel ; n'ayez nulle crainte.

Le 10-20-30. Le Dragon se trouve au fond de la terre ; n'ayez nulle crainte.

Cependant, si l'on est obligé de faire un voyage dans une contrée où le vent n'est pas favorable, il faut faire 30 génuflexions, le signe de la croix, et lire la formule qui commence ainsi : « *Que toutes les puissances de l'ennemi soient brisées sous le signe de la croix...* » On aura un vent favorable.

XVII

LE LIVRE DE NOEL

Sur les augures à tirer du jour où tombe la fête de Noël

D'APRÈS LÉON LE SAGE

Le Dimanche. — Si l'on célèbre la fête de Noël un jour de dimanche, l'hiver sera supportable, l'air sain. Il y aura de la richesse, des vents en automne. Les moutons et les animaux domestiques augmenteront en nombre et en beauté.

Le Lundi. — Si l'on célèbre la fête le lundi, l'hiver sera profitable, l'air sain, les pluies abondantes, l'automne agréable. À l'époque des vendanges, il adviendra des maladies sérieuses. Le miel sera rare.

Le Mardi. — Si on la célèbre le mardi, l'hiver sera rigoureux, les fruits abondants, l'air sain. Il y aura de la richesse à l'époque des moissons. Attendez de grands vents en automne ; craignez l'apoplexie chez les hommes.

Le Mercredi. — Si on la célèbre le mercredi, l'hiver sera *mêlé* (coupé de beau temps et de gelées?), l'air humide. Il y aura peu de blé, nombre de maladies, de grandes richesses au temps des moissons, des vents en automne, des maladies mortelles.

Le Jeudi. — Si on célèbre Noël le jeudi, l'hiver sera mauvais. Il y aura de grands vents. La moisson sera bonne. Il surviendra des tremblements de terre. L'automne sera *mêlé* (?). Il y aura peu de miel, peu de fruits.

Le Vendredi. — Si on célèbre Noël le vendredi, la joie sera générale. Les fruits et produits de la terre seront à bon marché.

Le Samedi. — Si on célèbre Noël le samedi, il y aura des troubles, des guerres, des maladies mortelles sur toute la terre.

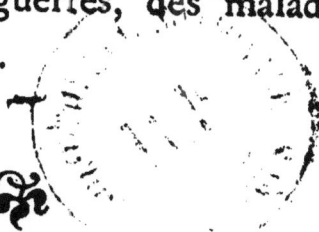

TABLE

LA TRADITION

REVUE GÉNÉRALE

DES

CONTES, LÉGENDES, CHANTS, USAGES, TRADITIONS

ET ARTS POPULAIRES

Paraissant le 15 de chaque mois

DIRECTEURS :

EMILE BLÉMONT et HENRY CARNOY

3e année (1889)

La Revue paraît par livraisons de 32 à 48 pages grand in-8o
avec dessins et musique

Le Numéro : 1 franc
Abonnements : 15 francs
Prix de la collection : 40 francs

Envoi franco d'un numéro spécimen.

S'adresser aux Bureaux de la TRADITION

33, RUE VAVIN, PARIS

CHEZ

M. H. CARNOY, professeur au Lycée Louis-le-Grand

Achevé d'imprimer le 15 octobre 1889

par Durand, imprimeur

à Chartres.

4

COLLECTION INTERNATIONALE DE *LA TRADITION*

Directeurs : MM. Emile BLÉMONT et Henry CARNOY

VOLUMES PARUS :

I. — LES CONTES D'ANIMAUX DANS LES ROMANS DU RENARD, par HENRY CARNOY, professeur au lycée Louis-le-Grand.

II. — LES LIVRES DE DIVINATION, traduits du turc, par JEAN NICOLAÏDES, professeur à Rodosto (Turquie.)

POUR PARAITRE SUCCESSIVEMENT :

III. — LA MUSIQUE ET LA DANSE DANS LES TRADITIONS, par le Dr EDMOND VECKENSTEDT.

IV. — LES CHANSONS POPULAIRES, par GABRIEL VICAIRE.

V. — LA CHANSON, LA MUSIQUE ET LA DANSE DANS LES TRADITIONS JAPONAISES, par le Dr BRAUNS, professeur à l'Université de Halle.

VI. — RÉSUMÉ D'HISTOIRE DES RELIGIONS, par le COMTE GOBLET D'ALVIELLA, membre de l'Académie de Belgique.

VII. — LES 130 NOUVELLES OU FACÉTIES de Lud. Carbone, traduites sur le Ms inédit de Pérouse, par le Dr STANISLAS PRATO.

VIII. — LES TRADITIONS DU CANADA, par EMILE BLÉMONT.

IX. — LES FÊTES GROTESQUES DU MOYEN-AGE, par HENRY CARNOY.

X. — LES LIVRES POPULAIRES TURCS, par JEAN NICOLAÏDES.

Prix de chaque volume : 3 fr. 50. — *Pour les souscripteurs : 2 fr.*
Adresser les souscriptions et les communications à M. HENRY CARNOY, 33, rue Vavin, à Paris.

Chartres. — Imprimerie DURAND.